一本のホウキ

佐《さ》竹《たけ》貫《かん》裕《ゆう》 作
新《あら》井《い》義《よし》雄《お》 絵

ノンブル社

むかーしむかしそのむかし、インドのコーサラ国《こく》に、「ギオン精舎《しょうじゃ》」というお寺《てら》がありました。
そこでは、たくさんのお坊《ぼう》さんたちが生活《せいかつ》をしながら、
おしゃかさまのお話《はなし》を聞《き》き、修行《しゅぎょう》をしておりました。

あるとき、ひとりのお坊《ぼう》さんがポツンと、
さみしそうに木《こ》かげからギオン精舎《しょうじゃ》をながめていました。
おしゃかさまが近《ちか》づいてみると、それはお弟子《でし》のシュリーパンタカでした。

「どうしたのだ、シュリーパンタカよ。なぜこんなところに立《た》っているのだ？」

急《きゅう》に声《こえ》をかけられて、シュリーパンタカはびっくり！
おしゃかさまのお姿《すがた》を見《み》て、ドギマギ……、はずかしいやら、かなしいやら……。
何《なに》が何《なん》だかわからなくなり、むねがキュンとなって涙《なみだ》があふれてきました。
その顔《かお》を見《み》た、おしゃかさまは、だまってシュリーパンタカの肩《かた》に手《て》をおき、
「こっちにおいで」と、言《い》いました。
シュリーパンタカは素直《すなお》におしゃかさまの後《あと》について行《い》きました。

しばらく行《い》くと、森《もり》のおくの小《ちい》さな池《いけ》につきました。
おしゃかさまはシュリーパンタカといっしょにすわり、
「さぁ、シュリーパンタカよ何《なに》があったのだ？　お話《はな》し」と、やさしくほほえみました。
そのほほえみに、心《こころ》がホッとなったシュリーパンタカは、ゆっくりと話《はな》しはじめました。

「おしゃかさまー
わたしは、ほんまのアホです。
ものおぼえがわるく、じぶんの名《な》まえさえおぼえられません。
お兄《にい》さんに、名《な》まえをほってもらって、
小《ちい》さいときから名札《なふだ》を首《くび》にぶらさげています。
お兄《にい》さんがおしゃかさまのお弟子《でし》になり、
かっこうよく歩《ある》いている姿《すがた》を見《み》て、あこがれました」

「わたしもおしゃかさまにおねがいして、
お弟子《でし》にしてもらいましたが、
ぜんぜん修行《しゅぎょう》についていけません」

「先《せん》ぱいのお弟子《でし》さんたちだけでなく、
後《こう》はいのお弟子《でし》さんたちも、
わたしのことをバカにして相手《あいて》にしてくれません。
こまりはてたお兄《にい》さんからは、
『おまえは実家《じっか》にかえって、親《おや》の手伝《てつだ》いをした方《ほう》がいいかもしれない』
と、言《い》われてしまいました」

「おしゃかさまー
わたしはりっぱな人間《にんげん》になりたい。
でも、やっぱりおろか者《もの》です。
わたしはやっぱり、ダメです……」

そう言《い》うと、シュリーパンタカはひざまずいて、ワンワンと泣《な》きさけびました。

おしゃかさまはシュリーパンタカの泣《な》く声《こえ》をしずかに聞《き》いていました。
そして、ゆっくりと語《かた》りかけました。
「シュリーパンタカよ、心《こころ》をおちつけてよく聞《き》きなさい。
心《こころ》をしずめて、さあ、顔《かお》をお上《あ》げ」

シュリーパンタカはすすり泣《な》き、顔《かお》をぐしゃぐしゃにしながら、
ゆっくりとおしゃかさまを見《み》あげました。
「シュリーパンタカよ、
おまえはちっともおろか者《もの》ではないよ。

世《よ》の中《なか》には、自分《じぶん》はかしこいと自《じ》まんしている者《もの》も多《おお》い。
でも、そういう者《もの》こそ、ほんとうのおろか者《もの》なのだ。
ほんとうにかしこい者《もの》は、自分《じぶん》のおろかさに気《き》づき、
自分《じぶん》のだめなところに目《め》を向《む》けて、
どうすればいいかを考《かんが》え、立《た》ちあがって歩《ある》きはじめる。
そういう者《もの》こそ、ほんとうの知恵《ちえ》に照《て》らされて生《い》きるかしこい者《もの》なのだ。

ほんとうにおろかな者《もの》は、
自分《じぶん》のおろかさには気《き》がつかない。
しかし、シュリーパンタカよ、
おまえはみずからを
おろかであると知《し》っている。
たしかに知《し》っている。
だから、シュリーパンタカよ、
おまえはおろか者《もの》ではないのだ。
真《しん》のかしこき者《もの》になるべき
器《うつわ》なのだよ」

シュリーパンタカは、その言葉《ことば》を聞《き》いて、
まるで大《おお》きなこん棒《ぼう》であたまをガーンとなぐられたように
体《からだ》がしびれました。

「シュリーパンタカよ、
人《ひと》にはそれぞれ得意《とくい》なものと不得意《ふとくい》なものがある。
人《ひと》にはそれぞれの性質《せいしつ》があって、
それぞれにあったやり方《かた》、生《い》き方《かた》がある。
シュリーパンタカよ、
おまえにはおまえの性質《せいしつ》があり、おまえのやり方《かた》、生《い》き方《かた》がある。
シュリーパンタカよ、
何《なに》もおそれることはない。
シュリーパンタカよ、
これからおまえに一《ひと》つの行《ぎょう》をあたえよう。
これからはおまえはその行《ぎょう》だけをすればよい。
他《ほか》のいっさいの行《ぎょう》をすることはない。
心《こころ》をしずめる行《ぎょう》も、長《なが》い句《く》をおぼえることもしなくてよい。
わたしの説法《せっぽう》も聞《き》かなくてよい。
シュリーパンタカよ、
さぁ、ギオン精舎《しょうじゃ》へもどって、その行《ぎょう》をはじめなさい」

シュリーパンタカはおしゃかさまのあとについてギオン精舎《しょうじゃ》にもどりました。

「シュリーパンタカよ、
ここに一本《いっぽん》のホウキがある。
おまえはこれからこのホウキをつかって、
朝《あさ》から晩《ばん》まで精舎《しょうじゃ》のそうじをするがよい。
他《ほか》のことは気《き》にせず、
ただ、いっしょうけんめいにそうじをしなさい」

シュリーパンタカはポカ～ンとしています。

おしゃかさまはホウキを手《て》わたし、さいごにこう言《い》いました。

「シュリーパンタカよ、つぎの言葉《ことば》をとなえなさい。
『チリをはらえ、アカをのぞけ』と。
口《くち》の中《なか》でとなえながら、ひたすらそうじをしつづけなさい」

シュリーパンタカは、おしゃかさまが立《た》ちさる姿《すがた》を
ボーッと見《み》おくりながら、まだ、ホウキをもってつっ立《た》っていました。
何《なに》かキツネにつままれたような気分《きぶん》です。

それでも、おしゃかさまの言《い》われたことだからと思《おも》って、
心《こころ》の中《なか》で、おしゃかさまにお礼《れい》を言《い》い、
さっそくそうじをはじめました。
「チ、チリをはらえ……」
「あれ、何《なん》だったっけ？」
もう、おしゃかさまからおしえてもらった
言葉《ことば》をわすれている始末《しまつ》です。
「えーと、何《なん》だったっけなぁ……」
あれこれ考《かんが》えながら、
ホウキで庭《にわ》のチリをはらっていますと、
かたすみに掃《は》いても掃《は》いてもとれない
黒《くろ》いかたまりがありました。
おかしいなぁと思《おも》って、顔《かお》を近《ちか》づけて
よく見《み》ると、それは昆虫《こんちゅう》の死《し》がいでした。
落《お》ち葉《ば》やチリとくっついてかたまっているのです。
だいぶん日《ひ》がたっているようでした。

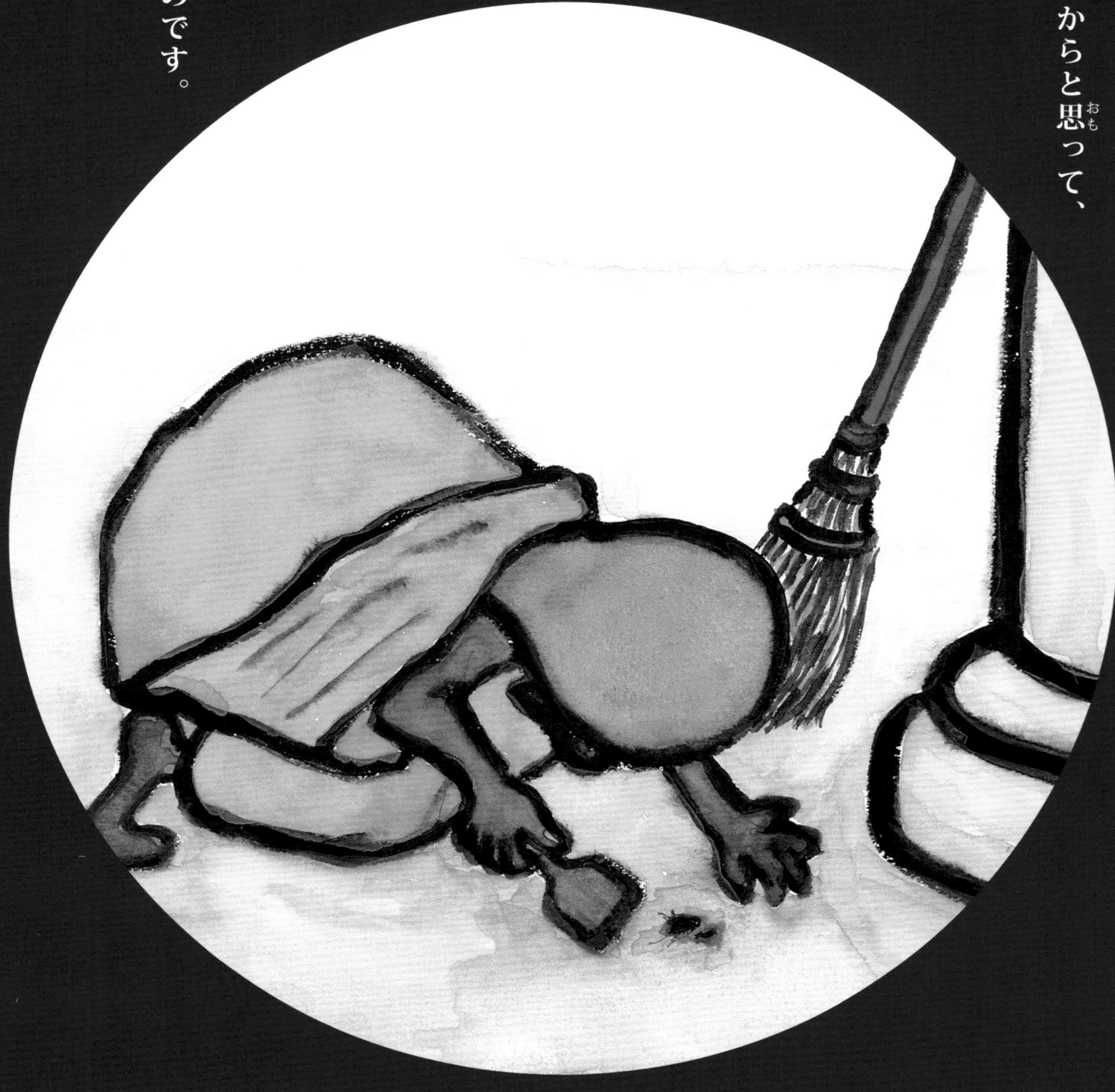

「何《なん》だ昆虫《こんちゅう》の死《し》がいだったのか」

シュリーパンタカはその黒《くろ》いかたまりを木《き》べらでけずりとりました。

「ふぅー、日《ひ》がたつと、服《ふく》の垢《あか》がへばりついて
おちないのといっしょで、
チリやゴミもほったらかしにしておくと、
かたまってなかなかとれなくなってしまうんだなぁ……」
シュリーパンタカはそう思《おも》いながら、
またホウキをもってそうじをはじめました。
「チ、チリをはらえ、ア、アカを……」
「うん？　そうだ！　アカをのぞけだったよな！」
シュリーパンタカはようやくつぎの言葉《ことば》を思《おも》い出《だ》しました。
「チ、チリをはらえ、ア、アカをのぞけ。
チ、チリをはらえ、アカをのぞけ。
チリをはらえ、アカをのぞけ……」
シュリーパンタカはついにこの言葉《ことば》をおぼえました。

来《く》る日《ひ》も来《く》る日《ひ》も
シュリーパンタカは
そうじをしていました。

さいしょは、
他《ほか》のお弟子《でし》さんたちは、
笑《わら》って見《み》ていました。
「あのシュリーパンタカが性《しょう》こりもなく、
またギオン精舎《しょうじゃ》にまいもどってきて、
なんの修行《しゅぎょう》もしないで、
ただ、朝《あさ》から晩《ばん》まで、だまって
そうじをしているぞ。
いったいどうしたんだろう？」

兄《あに》のマハーパンタカは、

「あきらめて、もう家《いえ》にかえりなさい」

と、何度《なんど》も言《い》いましたが、シュリーパンタカはだまってそうじをしています。

あきのはは
かたづけるのが
たいへんだ

何《なに》を言《い》われても、ひとりでもくもくとそうじをしているシュリーパンタカを見《み》て、
やがて、みんなはバカにすることをやめました。
兄《あに》のマハーパンタカもしずかに弟《おとうと》を見《み》まもりました。

シュリーパンタカはそうじをしながら、いろいろなことを考《かんが》えていました。

「毎日毎日《まいにちまいにち》、そうじをしてもまたつぎの日《ひ》にはチリがつもっている。
おなじように、わたしの心《こころ》の中《なか》にもさまざまな欲《よく》やなやみがおこってくる。
たとえ、それを解決《かいけつ》したとしても、
また、つぎからつぎへとちがった欲《よく》やなやみのタネが出《で》てくる。
まったくもって煩悩《ぼんのう》はなくなることがないなぁ」

また、あるときはこんなことを思《おも》いました。

「毎日《まいにち》そうじをしていて、きれいにしているつもりだったが、
よく見《み》るとすみっこの方《ほう》にはチリやゴミがたまっている。

いままでは目《め》につく、まん中《なか》の方《ほう》ばかりそうじをしていた。
でも、ほんとうはゴミがいちばんたまりやすい、すみっこに気《き》をつけて
そこからはき清《きよ》めていかなければならないんじゃないだろうか？
きっとわたし自身《じしん》についてもそうだったんだ。
自分《じぶん》のイヤだと思《おも》っているところ、自分《じぶん》がダメだと思《おも》っているところ、
そこばかりを気《き》にして、人《ひと》からつつかれないようにいい子《こ》になろうとしていた。
でも、それはまん中《なか》をきれいに見《み》せようとしているだけで、ほんとうは、
ほこりのたまっている取《と》りにくいところを放《ほう》っているのではないだろうか？
人《ひと》からなんども注意《ちゅうい》されて自分《じぶん》はなんとも思《おも》わないでいる、
大《たい》したことではないと思《おも》っている、
その部分《ぶぶん》こそ、わたしのわるい点《てん》が重《かさ》なっている
ところなんじゃないだろうか？
まず、そこからこそあらためるべきなんだ」

また、つぎのようなことも思《おも》いました。

「雨《あめ》がふった後《あと》の地面《じめん》はぬれていて落《お》ち葉《ば》やゴミはなかなかはきにくい。
力《ちから》をこめてつよくはこうとすると、
よけいにくっついて
うまくはけないでいる。
ところが、力《ちから》をぬいて
上《うえ》からなでるように
軽《かる》くスーッと
ホウキをうごかすと、
ぬれた落《お》ち葉《ば》やゴミは
地面《じめん》からはなれて、
うまくはける。
ふしぎなもんだなぁ。
たぶん、わたしたちの心《こころ》も
これとにているところがあるのかもしれない。
たとえば、きれいな女性《じょせい》に心《こころ》ひかれて、あまい心《こころ》にひたされたとする。
すると、その恋《こい》のおもいに心《こころ》がとらわれて他《ほか》のもの事《ごと》が手《て》につかなくなる。

あんまり心《こころ》うばわれて、生活《せいかつ》までフラフラしていると、
まわりの人《ひと》たちはいろいろと注意《ちゅうい》をして、
その状《じょう》たいからはなれさせようとしてくれる。
でも、外《そと》からの力《ちから》がつよく加《くわ》われば加《くわ》わるほど、
恋《こい》に染《そ》まった心《こころ》はふかく、そこからはなれがたくなる。
そんなときには無理《むり》にはなれさせようとしないで、
ほんとうにかるくその人《ひと》の心《こころ》の表面《ひょうめん》をスーッとなでるように、
ちょっとした気《き》づかいを言《い》ってあげる。
すると、抵抗《ていこう》が少《すく》なくスッとはなれられる時《とき》がある。
なにも恋《こい》にかぎったことではない。
わたしたちはいろいろなものに心《こころ》ひかれ愛着《あいちゃく》の心《こころ》をもつ。
おしゃれな服《ふく》や、キラキラとひかる宝石《ほうせき》、
豪華《ごうか》な料理《りょうり》、美《うつく》しいからだ、若《わか》さ、

お金《かね》や、つよい力《ちから》、有名《ゆうめい》になること……。
こういったものに愛着《あいちゃく》の心《こころ》を起《お》こしてしまう。
でも、これらにおぼれてしまっていてはいけない。
そこに執着《しゅうちゃく》して自分《じぶん》を見失《みうしな》ってしまうと、
こんどは自由《じゆう》にうごくことができなくなってしまう。
そうすると、まわりとの関係《かんけい》もうまくいかなくなり、
自分《じぶん》もダメになっていく。

しかも、つよく払《はら》いのけようとすると、
よけいに執着《しゅうちゃく》してしまうのだ。
あまりつよく思《おも》わないで、
しずかな心《こころ》でスーッと上《うえ》をなでるのだ。
ジメジメと湿《しめ》った心《こころ》に軽《かろ》やかなそよ風《かぜ》を送《おく》るのである」

また、つぎのようなことも考《かんが》えました。
「タンスや、箱《はこ》の中《なか》にしまった物《もの》には、
まわりが囲《かこ》んであるのだから、
ほこりがつかないものと思《おも》っていた。
ところがどうだ。
久《ひさ》しぶりにあけてみると、上《うえ》には、
うっすらとほこりをかぶっている。
そのほこりを取《と》りのぞき、
注意《ちゅうい》ぶかく閉《し》めて、
こんどはほこりが中《なか》に
入《はい》らないだろうと思《おも》っていても、
また、数週間《すうしゅうかん》してあけてみると
ほこりが上《うえ》にたまっている。
ふかくつつみこんで守《まも》り、
ここだけはきれいにして

汚《よご》れることはないと思《おも》っていたのに、
その心《こころ》の内《うち》にも見《み》えない煩悩《ぼんのう》のチリ、
ほこりは入《はい》りこんで、つもっていくのだなぁ……」

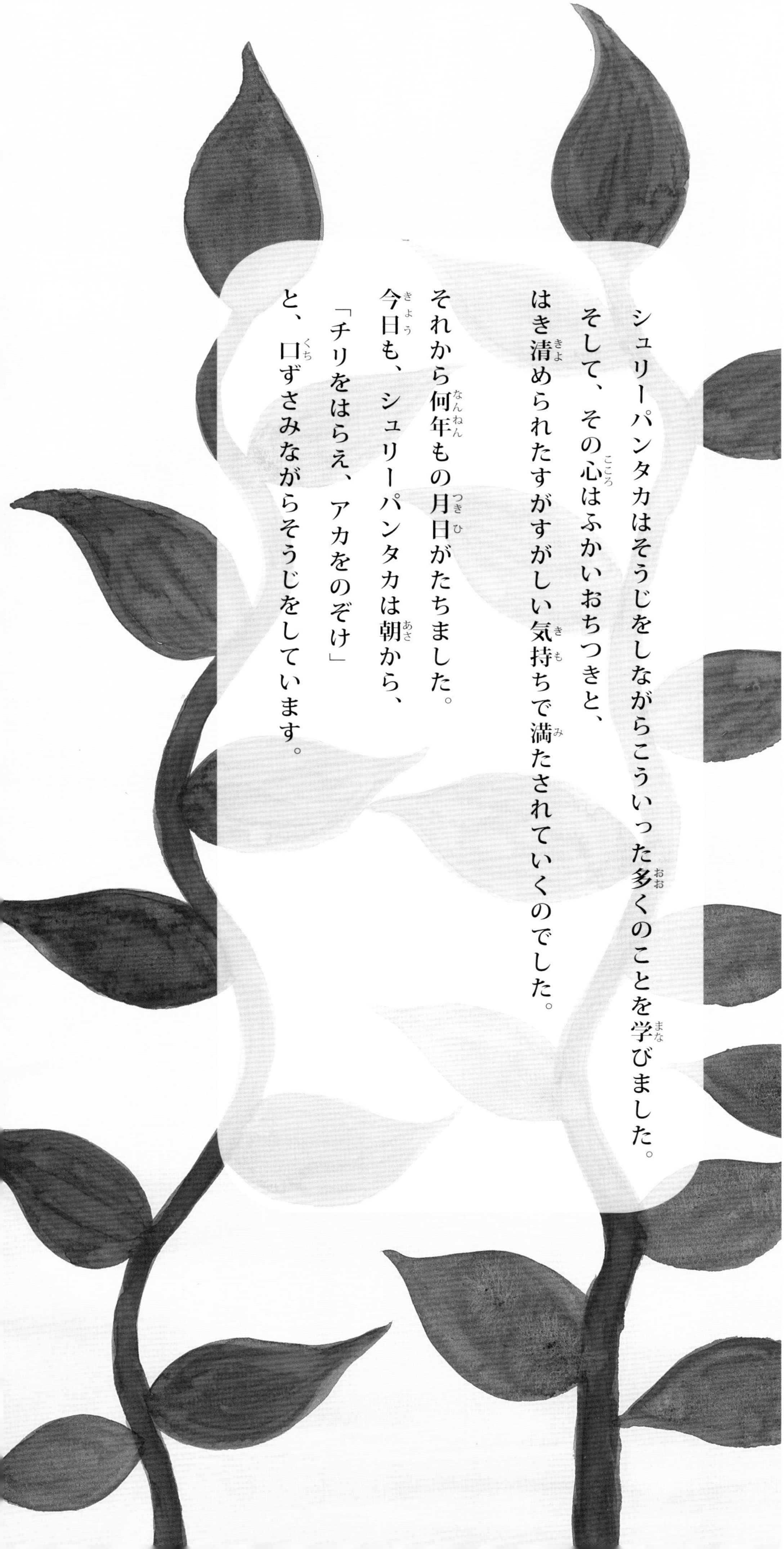

シュリーパンタカはそうじをしながらこういった多《おお》くのことを学《まな》びました。
そして、その心《こころ》はふかいおちつきと、
はき清《きよ》められたすがすがしい気持《きも》ちで満《み》たされていくのでした。

それから何年《なんねん》もの月日《つきひ》がたちました。

今日《きょう》も、シュリーパンタカは朝《あさ》から、

「チリをはらえ、アカをのぞけ」

と、口《くち》ずさみながらそうじをしています。

そこへ、おしゃかさまがやってきました。
シュリーパンタカはそうじの手《て》をとめ、合掌《がっしょう》し、ひざまずきました。

「シュリーパンタカよ、おまえはわたしの与《あた》えた行《ぎょう》をよく修《おさ》め、
心清《こころきよ》らかにすごしている。
今《いま》では、だれもおまえをバカにする者《もの》はいない。
おまえを見《み》る者《もの》はみな、心引《こころひ》きしめられ、
その清《きよ》らかな姿《すがた》に心《こころ》うたれて
自然《しぜん》とつつましく生活《せいかつ》をしようと思《おも》っている。
シュリーパンタカよ、
おまえの心《こころ》はよくしずまり、
その清《きよ》らかな心《こころ》はおまえの身《み》をとおしてかがやきだしている。
シュリーパンタカよ、
もう、おまえはそうじをやめて、
他《ほか》の弟子《でし》たちといっしょに生活《せいかつ》をし、修行《しゅぎょう》をしてはどうだ？」

すると、シュリーパンタカはしずかに顔《かお》を上《あ》げ、
こう言《い》いました。

「世《よ》に尊《とうと》い、真理《しんり》に目覚《めざ》めた方《かた》よ、
わたしはこのホウキと、
『チリをはらえ、アカをのぞけ』
のお言葉《ことば》をおしゃかさまからいただき、
ずっとこれまでそうじをしてきました。
そして、そうじをしながら
さまざまなことが心《こころ》にわきおこり、
知恵《ちえ》は生《う》まれました。
わたしにとってこの行《ぎょう》は、すべてに通《つう》じる行《ぎょう》です。
おしゃかさま、
心《こころ》のチリは今《いま》もふりつづけ、つもりはじめています。
わたしはこれからもこのホウキにささえられ、
心《こころ》をはき清《きよ》め、一生《いっしょう》を歩《あゆ》んで行《い》こうと思《おも》います」

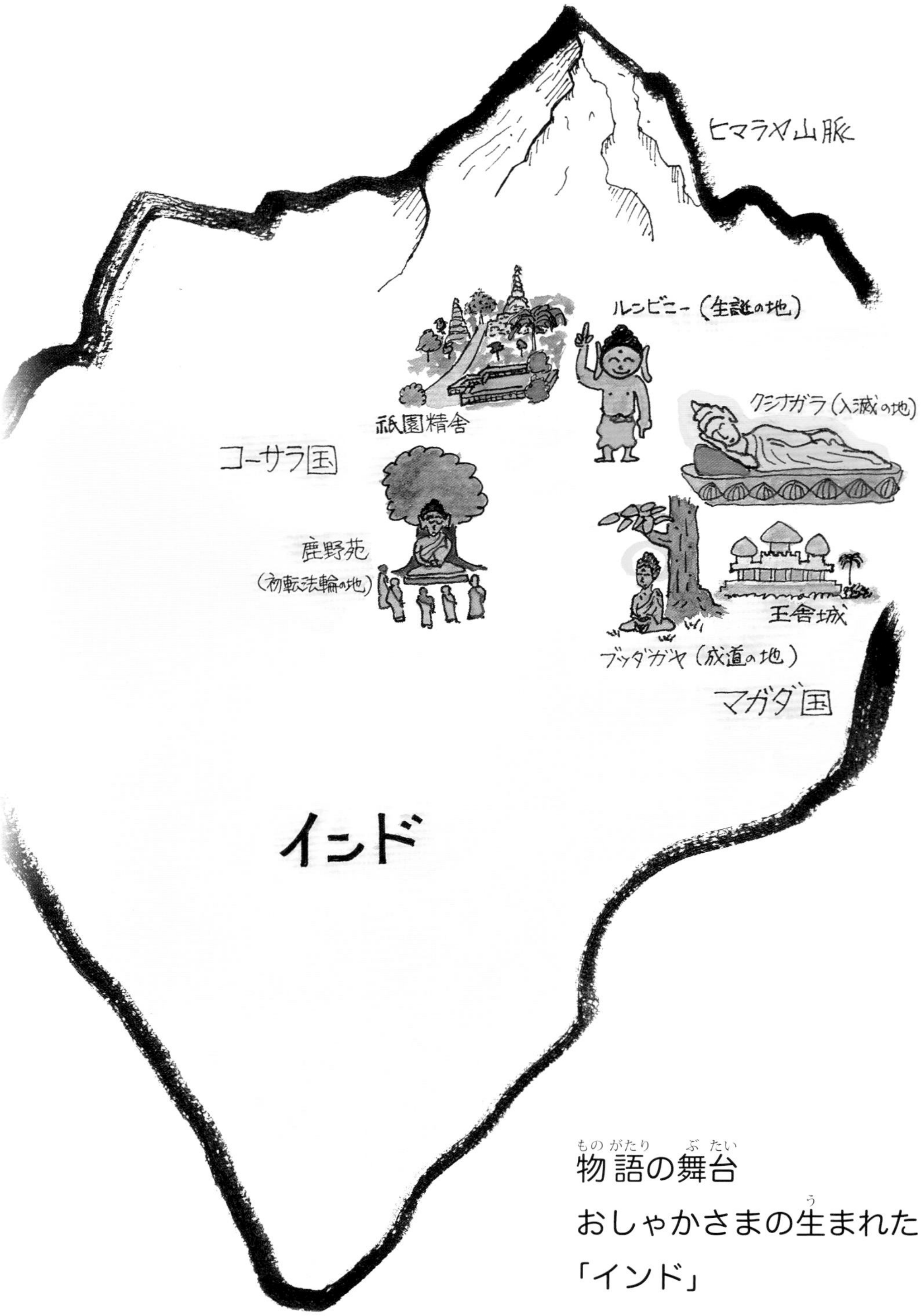

物語《ものがたり》の舞台《ぶたい》
おしゃかさまの生《う》まれた
「インド」

あとがき

二十五歳《さい》のときに自坊《じぼう》に身《み》を置《お》くようになってから今日《こんにち》まで約《やく》三十年間《ねんかん》、寺《てら》にいるときはほとんど毎日《まいにち》、いろいろなところを掃除《そうじ》しています。

二十代《だい》の頃《ころ》にはタバコを吸《す》っていて、吸《す》い殻《がら》を道《みち》に捨《す》てたことは数《かぞ》えきれません。寺《てら》の前《まえ》の歩道《ほどう》や車道《しゃどう》を掃除《そうじ》するようになってからは、捨《す》ててあるタバコの吸《す》い殻《がら》を拾《ひろ》っては「俺《おれ》の一本《ぽん》、俺《おれ》の二本《ほん》……」と思《おも》いながら掃除《そうじ》をしています（今も……笑）。何《なん》の気《き》も無《な》しにポォ～ンと捨《す》てて、掃除《そうじ》をする人《ひと》のことなど全《まった》く気《き》にしていなかったけれど、自分《じぶん》が掃除《そうじ》をしてみると実《じつ》に多種《たしゅ》のゴミが落《お》ちていることに驚《おどろ》かされました。

歩道《ほどう》にこびりついたガムや虫《むし》の死骸《しがい》などを掃除《そうじ》してきたことと「シュリーパンタカ」が掃除《そうじ》をしていろいろなことを教《おし》えられていく描写《びょうしゃ》が重《かさ》なって、思《おも》わず笑《わら》ってしまいました。どんな人《ひと》も煩悩《ぼんのう》で出来《でき》ているということを、この絵本《えほん》は教《おし》えてくれているのではないかと思《おも》います。

シュリーパンタカのキャラクターは私《わたし》なりに描《か》いてみましたが、気《き》に入《い》って頂《いただ》けましたら嬉《うれ》しいです。

私自身《わたしじしん》、仏法《ぶっぽう》によって目覚《めざ》めることが出来《でき》るかは分《わ》かりませんが、シュリーパンタカのようにこれからも「ホウキ」とともに歩《あゆ》んで行《い》きたいと思《おも》っております。

この度《たび》は、大変《たいへん》稀有《けう》なご縁《えん》を頂《いただ》きまして、有《あ》ること難《かた》しのおかげさんであります。

絵《え》・新井義雄《あらいよしお》

この本《ほん》の願《ねが》い

このお話《はなし》の主人公《しゅじんこう》シュリーパンタカは実在《じつざい》したお方《かた》です。お釈迦《しゃか》さまのお弟子《でし》さんで、もの覚《おぼ》えが悪《わる》く、自分《じぶん》の名前《なまえ》すら覚《おぼ》えることができなくて、首《くび》から名札《なふだ》を下《さ》げていたと伝《つた》えられています。でも、やがて悟《さと》りを開《ひら》かれて、お弟子《でし》の中《なか》で「神通説法第一《じんずうせっぽうだいいち》」とお釈迦《しゃか》さまからほめ称《たた》えられるようになりました。

神通力《じんずうりき》とは、精神《せいしん》の働《はたら》きが精妙《せいみょう》に澄《す》んでくると、現《あら》われてくる不思議《ふしぎ》なお力《ちから》です。遠《とお》くのものや未来《みらい》が見通《みとお》せたり、他者《たしゃ》の心《こころ》の内《うち》がわかったり、過去《かこ》の出来事《できごと》が見《み》えてくるそうです。

このお話《はなし》の中《なか》ではシュリーパンタカは掃除《そうじ》を通《とお》して様々《さまざま》なことが心《こころ》の中《なか》で見《み》えてくるようになり心《こころ》が澄《す》んでいきます。やがて他《ほか》の者《もの》は、シュリーパンタカの姿《すがた》を見《み》て自然《しぜん》と教《おし》えられるようになり身《み》を正《ただ》すようになっていきました。

説法《せっぽう》といえば普通《ふつう》は口《くち》で説《と》かれるものですが、「神通説法《じんずうせっぽう》」とは「身業説法《しんごうせっぽう》」ともいわれ、身《み》を以《もっ》て真《まこと》を示《しめ》し、教《おし》えを垂《た》れることを言《い》います。その方《かた》の実践《じっせん》する真摯《しんし》な姿《すがた》に心打《こころう》たれ、周《まわ》りの人間《にんげん》が自然《しぜん》と教《おし》えられてくるのです。

この物語《ものがたり》からは、

○誰《だれ》でもが真実《しんじつ》に出遇《であ》えること

○真実《しんじつ》に生《い》きていけること

○そして、誰《だれ》でもが、この身《み》このままで、たった一《ひと》つのことでもいいから心《こころ》を込《こ》めて努力《どりょく》をし、
継続《けいぞく》していけば必《かなら》ず心《こころ》は開《ひら》け、立派《りっぱ》に成長《せいちょう》して、自分自身《じぶんじしん》を信《しん》じて
自分自身《じぶんじしん》を生《い》きていけること
○他者《たしゃ》にも良《よ》い影響《えいきょう》を与《あた》えていけること
を知《し》っていただきたいです。

余談《よだん》になりますが、
シュリーパンタカが亡《な》くなって、
埋葬《まいそう》しましたところ、
そこから一本《いっぽん》の草木《そうもく》が生《は》えてきました。
生前《せいぜん》のお姿《すがた》を偲《しの》んで、その草木《そうもく》を
「茗荷《みょうが》（＝名《な》を荷《にな》う）」と名《な》づけたそうです。
ミョウガを食《た》べすぎると忘《わす》れっぽくなる、と
言《い》われるのは、そのせいなのかもしれませんね。

作《さく》・佐《さ》竹《たけ》貫《かん》裕《ゆう》

「あきのはは　かたづけるのが　たいへんだ」佐竹貫順：筆

一本のホウキ

2019年12月21日　第1版第1刷発行
2021年 7 月 7 日　第2版第1刷発行

作　佐竹貫裕
絵　新井義雄
発行者　竹之下正俊
発行所　株式会社ノンブル社
〒169-0051 東京都新宿区西早稲田 1-8-22-201
☎ 03-3203-3357　FAX 03-3203-2156
振替　00170-8-11093
ISBN978-4-86644-018-7　C0715

印刷製本・亜細亜印刷株式会社